Género Fantasía

I0810780

¿? Pregunta esencial

¿Qué edificios conoces? ¿De qué están hechos?

Manu y Toni se visitan

Vita Jiménez
ilustrado por Neecy Twinem

Capítulo 1
Toni y Manu 2

Capítulo 2
Un paseo por la ciudad 5

Capítulo 3
Un paseo por el campo 8

Capítulo 4
Nada es como mi casa 10

Respuesta a la lectura 12

LECTURA COMPLEMENTARIA **¿El campo o la ciudad?** 13

Enfoque: Género 16

Capítulo 1

Toni y Manu

Toni vive en la ciudad. En un piso muy alto. ¡Sobre las nubes! ¡Le encanta vivir en ese lugar con tanta gente y edificios altos!

Manu vive en el campo. ¡Le encanta vivir en esa pequeña casa de madera! Toni y Manu son buenos amigos.

Hace ya tres años que Manu y Toni no se ven.

—Es el momento de visitar a mi amigo —dice Manu.

Prepara comida para el viaje y toma un autobús.

Capítulo 2

Un paseo por la ciudad

Toni está muy contento de ver a su amigo. Lo pasea por todos lados.

Manu ve los edificios.

—¡Qué altos son! —dice Manu.

—Adoro pasear por la ciudad —dice Manu—. Pero los edificios son tan altos que no puedo ver las nubes.

Unos minutos más tarde, Toni y Manu paran para comer. Manu se come una dona.

—¿Te gustan las donas? —dice Toni.

—Sí. Pero no me gusta la ciudad. Mejor vamos al campo.

Capítulo 3

Un paseo por el campo

Manu está muy feliz de que su amigo visite su casa en el campo.

—¿Esta es tu casa? —dice Toni.

—Sí, mira. Es pequeña pero bonita.

Manu y Toni pasean por el campo.

—Dame una mano con el maíz,
Toni —dice Manu.

—Sí —dice Toni—. ¡Qué bonito es el campo, se ven las nubes! Pero a mí me gusta más vivir en la ciudad.

Capítulo 4

Nada es como mi casa

Toni ya está en su casa. Por la ventana ve los edificios altos. ¡Le encanta vivir en la ciudad!

Manu está en su casa. Por la ventana ve las nubes. ¡Le encanta vivir en el campo!

Respuesta a la lectura

Volver a contar

Vuelve a contar los sucesos de *Manu y Toni se visitan* con tus propias palabras.

Personaje	Ambiente	Sucesos

Evidencia en el texto

1. ¿Quiénes son los personajes del cuento? ¿Cómo son? Personaje, ambiente, sucesos
2. ¿Dónde vive Toni? ¿Dónde vive Manu? Personaje, ambiente, sucesos
3. ¿Cómo sabes que este es un cuento de fantasía? Género

Género **No ficción**

Compara los textos

¿En qué se diferencia la vida en la ciudad de la vida en el campo?

¿El campo o la ciudad?

Miremos la ciudad.

Hay edificios altos.

Las calles tienen pavimento.

Hay muchos carros.

¡Mira toda esa gente!

Miremos el campo.

Hay silos.

Hay caminos de tierra.

Hay muchos
campos de maíz.

¡Mira esos caballos!

Haz conexiones

Mira los dos textos. ¿Qué has aprendido sobre la ciudad y el campo?

El texto y otros textos

Enfoque:
Género

Fantasía Los cuentos de fantasía tienen personajes, ambientes o sucesos inventados que no podrían ocurrir en la vida real.

Lee y descubre Los personajes de este cuento son animales que hablan, usan ropa y comen donas. Los animales reales no hacen eso.

Tu turno

Imagina que eres un animal y vives en el bosque. Tienes un primo que vive en el mar. Escribe dos o tres oraciones para comparar tu casa con la de tu primo.